O FASCISMO ETERNO

UMBERTO ECO
O FASCISMO ETERNO

TRADUÇÃO DE ELIANA AGUIAR

16ª edição

EDITORA RECORD
RIO DE JANEIRO • SÃO PAULO
2025

CIP-BRASIL. CATALOGAÇÃO NA PUBLICAÇÃO
SINDICATO NACIONAL DOS EDITORES DE LIVROS, RJ

E22f
  16ª ed.

  Eco, Umberto
    O fascismo eterno / Umberto Eco; tradução de Eliana Aguiar.
– 16ª ed. – Rio de Janeiro: Record, 2025.

  Tradução de: Il fascismo eterno
  ISBN 978-85-01-11615-4

  1. Fascismo – História. 2. Fascismo – Europa – Séc. XX. I. Aguiar, Eliana. II. Título.

18-53081
CDD: 320.533
CDU: 329.18

Vanessa Mafra Xavier Salgado - Bibliotecária - CRB-7/6644

Copyright © 2018 Editora La Nave di Teseo, Milão
Primeira edição em Cinque scritti morali, 1997

Título original em italiano: Il fascismo eterno

Projeto gráfico de miolo e capa: Leonardo Iaccarino

Todos os direitos reservados. Proibida a reprodução, armazenamento ou transmissão de partes deste livro, através de quaisquer meios, sem prévia autorização por escrito.

Texto revisado segundo o Acordo Ortográfico da Língua Portuguesa de 1990.

Direitos exclusivos de publicação em língua portuguesa para o Brasil adquiridos pela EDITORA RECORD LTDA. Rua Argentina, 171 – 20921-380 – Rio de Janeiro, RJ – Tel.: (21) 2585-2000, que se reserva a propriedade literária desta tradução.

Impresso no Brasil

ISBN 978-85-01-11615-4

Seja um leitor preferencial Record. Cadastre-se em www.record.com.br e receba informações sobre nossos lançamentos e nossas promoções.

Atendimento e venda direta ao leitor:
sac@record.com.br

Nota do autor

O fascismo eterno foi uma conferência pronunciada em inglês num simpósio organizado pelos departamentos de italiano e de francês da Columbia University em 25 de abril de 1995, para celebrar a libertação da Europa. Foi publicada depois, em 22 de junho de 1995, na *The New York Review of Books* e traduzida para a *Rivista dei Libri* de julho--agosto do mesmo ano, como "Totalitarismo fuzzy e Ur-Fascismo" (versão que só difere desta que publico aqui por alguns leves ajustes formais). Contudo, é importante lembrar que o texto foi pensado para um público de estudantes americanos e que a conferência ocorreu naqueles dias em que a América havia sido sacudida pelo atentado de Oklahoma e pela descoberta do fato (nem um pouco secreto, aliás) de que existiam organizações militares de extrema direita nos Estados Unidos. Naquelas circunstâncias, o tema do antifascismo assumia contornos particulares, e a reflexão histórica pretendia estimular uma reflexão sobre problemas da atualidade de diversos países – a conferência foi traduzida depois para vários jornais e revistas, em várias línguas. Além disso, o fato do discurso ser dirigido a jovens americanos explica a presença de informações e esclarecimentos quase didáticos sobre acontecimentos que um leitor italiano conheceria, assim como citações de Roosevelt, alusões ao antifascismo americano e repetidas referências ao encontro entre europeus e americanos nos dias da libertação.

O FASCISMO ETERNO

Em 1942, aos 10 anos de idade, ganhei o primeiro prêmio nos Ludi Juveniles (um concurso com livre participação obrigatória para jovens fascistas italianos — vale dizer, para todos os jovens italianos). Tinha trabalhado com virtuosismo retórico sobre o tema: "Devemos morrer pela glória de Mussolini e pelo destino imortal da Itália?" Minha resposta foi afirmativa. Eu era um garoto esperto.

Depois, em 1943, descobri o significado da palavra "liberdade". Contarei esta história no fim de meu discurso. Naquele momento, "liberdade" ainda não significava "libertação".

Passei dois dos meus primeiros anos entre SS, fascistas e *partigiani* da Resistência, que atiravam uns contra os outros, e aprendi assim a esquivar-me das balas. Nada mal como exercício.

Em abril de 1945, a Resistência tomou Milão. Dois dias depois, os *partigiani* chegaram à pequena cidade em que eu vivia. Foi um momento de alegria. A praça principal estava cheia de gente que cantava e agitava bandeirolas, bradando o nome de Mimo, chefe da Resistência na área. Ex-suboficial dos carabineiros, Mimo tinha se envolvido com o grupo do general Badoglio e perdido uma perna logo nos primeiros confrontos. Apareceu no balcão da Prefeitura, apoiado em muletas, pálido; tentou acalmar a multidão com um gesto. Eu estava ali esperando seu discurso, posto que toda a minha infância havia sido marcada pelos grandes discursos históricos de Mussolini, cujos trechos mais significativos aprendíamos de cor na escola. Silêncio. Mimo falou com voz rouca, quase não se ouvia: "Cidadãos, amigos. Depois de tantos sacrifícios dolorosos... aqui estamos. Glória aos que caíram pela liberdade." Foi tudo. E ele entrou de novo. A multidão gritava, os *partigiani* empunharam as armas e atiraram para o alto festivamente. Nós, meninos, corremos para pegar os cartuchos, preciosos objetos de coleção, mas além disso eu tinha aprendido que liberdade de palavra significa libertar-se da retórica.

Alguns dias depois vi os primeiros soldados americanos. Eram afro-americanos. O primeiro ianque que encontrei era um negro, Joseph, que me apresentou às delícias de Dick Tracy e Ferdinando Buscapé. Seus gibis eram coloridos e tinham um cheiro bom.

Um dos oficiais (o major ou capitão Muddy) estava hospedado na casa de dois dos meus colegas de escola. Sentia-me em casa naquele jardim onde algumas senhoras se amontoavam em torno do capitão Muddy, falando um francês aproximativo. O capitão Muddy tinha uma boa educação superior e conhecia um pouco de francês. Assim, minha primeira imagem dos libertadores americanos, depois de tantos caras-pálidas de camisa negra, era a de um negro culto em uniforme cáqui, dizendo: *"Oui, merci beaucoup, Madame, moi aussi j'aime le champagne..."* Champanhe não havia, infelizmente, mas ganhei do capitão Muddy o meu primeiro chiclete e passei o dia inteiro mascando. De noite, colocava o chiclete em um copo d'água para que estivesse fresco no dia seguinte.

EM MAIO, OUVIMOS DIZER QUE A GUERRA TINHA ACABADO. A PAZ ME DEU UMA SENSAÇÃO CURIOSA.

TINHAM ME DITO QUE A GUERRA PERMANENTE ERA A CONDIÇÃO NORMAL DE UM JOVEM ITALIANO.

Nos meses seguintes, descobri que a Resistência não era apenas um fenômeno local, mas europeu. Aprendi palavras novas e excitantes como *"réseau"*, *"maquis"*, *"armée secrète"*, *"Rote Kapelle"*, "gueto de Varsóvia". Vi as primeiras fotos do Holocausto e assim, antes mesmo de conhecer a palavra, conheci seu significado. Descobri que havíamos sido libertados.

HOJE NA ITÁLIA EXISTEM ALGUMAS PESSOAS QUE SE PERGUNTAM SE A RESISTÊNCIA TEVE UM IMPACTO MILITAR REAL NO CURSO DA GUERRA.

PARA A MINHA GERAÇÃO, A QUESTÃO É IRRELEVANTE: COMPREENDO IMEDIATAMENTE O SIGNIFICADO MORAL E PSICOLÓGICO DA RESISTÊNCIA.

Era motivo de orgulho saber que nós, europeus, não tínhamos esperado passivamente pela libertação. Creio que também não era irrelevante, para os jovens americanos que derramaram seu sangue pela nossa liberdade, saber que atrás das linhas havia europeus que já estavam pagando seu débito.

Hoje, na Itália, tem gente que diz que a Resistência é um mito comunista. É verdade que os comunistas exploraram a Resistência como uma propriedade pessoal, pois realmente tiveram um papel primordial no movimento; mas lembro-me dos *partigiani* com bandeiras de diversas cores.

Grudado ao rádio, passava as noites — as janelas fechadas e a escuridão geral transformavam o pequeno espaço em torno do aparelho no único foco de luz — ouvindo as mensagens que a Rádio Londres transmitia para a Resistência. Eram, ao mesmo tempo, obscuras e poéticas ("Ainda brilha o sol", "As rosas hão de florir"), embora a maior parte fossem "mensagens para Franchi". Alguém soprou no meu ouvido que Franchi era o chefe de um dos grupos clandestinos mais poderosos do norte da Itália, um homem de coragem lendária. Franchi era o meu herói. Ele (cujo verdadeiro nome era Edgardo Sogno) era um monarquista tão anticomunista que, depois da guerra, se uniu a um grupo de extrema direita e foi acusado até de ter participado de um golpe de Estado reacionário. Mas que importa? Sogno ainda é o sonho da minha infância. A libertação foi um empreendimento comum de gente das mais diversas bandeiras.

Hoje, na Itália, tem gente que diz que a guerra de libertação foi um trágico período de divisão, e que precisamos agora de uma reconciliação nacional. E que a lembrança daqueles anos terríveis deveria ser reprimida. Mas a repressão provoca neurose. Se reconciliação significa compaixão e respeito por todos aqueles que lutaram sua guerra com boa-fé, perdoar não significa esquecer. Posso até admitir que Eichmann acreditava sinceramente em sua missão, mas não posso dizer: "Ok, pode voltar e fazer tudo de novo."

ESTAMOS AQUI PARA RECORDAR O QUE ACONTECEU E PARA DECLARAR SOLENEMENTE QUE "ELES" NÃO PODEM REPETIR O QUE FIZERAM. MAS QUEM SÃO "ELES"?

Se pensamos ainda nos governos totalitários que dominaram a Europa antes da Segunda Guerra Mundial, podemos dizer com tranquilidade que seria muito difícil que, em circunstâncias históricas tão diversas, retornassem sob a mesma forma. Se o fascismo de Mussolini tinha como base a ideia de um chefe carismático, o corporativismo, a utopia do "destino fatal de Roma", a vontade imperialista de conquistar novas terras, em um nacionalismo exacerbado, o ideal de uma nação inteira uniformizada pelas camisas negras, a recusa da democracia parlamentar, o antissemitismo, então não tenho nenhuma dificuldade para admitir que a Aliança Nacional, nascida do Movimento Social Italiano (MSI), é certamente um partido de direita, mas tem muito pouco a ver com o velho fascismo. Pelas mesmas razões, mesmo preocupado com os vários movimentos neonazistas ativos aqui e ali na Europa, inclusive na Rússia, não penso que o nazismo, em sua forma original, esteja ressurgindo como movimento capaz de mobilizar uma nação inteira.

Contudo, embora os regimes políticos possam ser derrubados, e as ideologias, criticadas e destituídas de sua legitimidade, por trás de um regime e de sua ideologia há sempre um modo de pensar e de sentir, uma série de hábitos culturais, uma nebulosa de instintos obscuros e de pulsões insondáveis. Existe, então, outro fantasma que ronda a Europa (sem falar das outras partes do mundo)?

Ionesco disse certa feita que "somente as palavras contam, o resto é falatório". Muitas vezes, os hábitos linguísticos são sintomas importantes de sentimentos não expressos.

Portanto, permitam-me perguntar por que não apenas a Resistência, mas toda a Segunda Guerra Mundial foram definidas no mundo inteiro como uma luta contra o fascismo. Quem reler *Por quem os sinos dobram*, de

Hemingway, vai descobrir que Robert Jordan identifica seus inimigos como os fascistas, mesmo quando está pensando nos falangistas espanhóis.

Permitam-me passar a palavra a Franklin Delano Roosevelt: "A vitória do povo americano e de seus aliados será uma vitória contra o fascismo e o beco sem saída que ele representa" (23 de setembro de 1944).

Durante os anos de McCarthy, os americanos que tinham participado da Guerra Civil Espanhola eram chamados de "antifascistas prematuros" — entendendo com isso que combater Hitler nos anos 1940 era um dever moral de todo bom americano, mas combater Franco cedo demais, nos anos 1930, era suspeito. Por que uma expressão como *fascist pig* [porco fascista] era usada pelos radicais americanos até para indicar um policial que não aprovava aquilo que eles costumavam fumar? Por que não diziam: "porco *cagoulard*", "porco falangista", "porco *ustaše*", "porco Ante Pavelić", "porco Quisling", "porco nazista"?

Mein Kampf é o manifesto completo de um programa político. O nazismo tinha uma teoria do racismo e do arianismo, uma noção precisa da *entartete Kunst*, a "arte degenerada", uma filosofia da vontade de potência e do *Übermensch*. O nazismo era decididamente anticristão e neopagão, da mesma maneira que o Diamat (versão oficial do marxismo soviético) de Stalin era claramente materialista e ateu. Se entendermos como totalitarista um regime que subordina qualquer ato individual ao Estado e sua ideologia, então o nazismo e o stalinismo eram regimes totalitários.

O FASCISMO FOI CERTAMENTE UMA DITADURA, MAS NÃO ERA COMPLETAMENTE TOTALITÁRIO,

NEM TANTO POR SUA BRANDURA, MAS ANTES PELA DEBILIDADE FILOSÓFICA DE SUA IDEOLOGIA.

Ao contrário do que se pensa comumente, o fascismo italiano não tinha uma filosofia própria. O artigo sobre o fascismo assinado por Mussolini para a *Enciclopédia Treccani* foi escrito ou inspirou-se fundamentalmente em Giovanni Gentile, mas refletia uma noção hegeliana tardia do "Estado ético absoluto", que Mussolini nunca realizou completamente. Mussolini não tinha qualquer filosofia: tinha apenas uma retórica. Começou como ateu militante, para em seguida assinar a concordata com a Igreja e confraternizar com os bispos que benziam os galhardetes fascistas. Em seus primeiros anos anticlericais, segundo uma lenda plausível, pediu certa vez que Deus o fulminasse ali mesmo para provar que existia. Evidentemente, Deus estava distraído. Nos anos seguintes, em seus discursos, Mussolini citava sempre o nome de Deus e não desdenhava o epíteto "homem da Providência". Pode-se dizer que o fascismo italiano foi a primeira ditadura de direita que dominou um país europeu e que, em seguida, todos os movimentos análogos encontraram uma espécie de arquétipo comum no regime de Mussolini. O fascismo italiano foi o primeiro a criar uma liturgia militar, um folclore e até mesmo um modo de vestir — conseguindo mais sucesso no exterior que Armani, Benetton ou Versace. Foi somente nos anos 1930 que surgiram movimentos fascistas na Inglaterra, com Mosley, e na Letônia, Estônia, Lituânia, Polônia, Hungria, Romênia, Bulgária, Grécia, Iugoslávia, Espanha, Portugal, Noruega e até na América do Sul, para não falar da Alemanha.

O FASCISMO ITALIANO CONVENCEU MUITOS LÍDERES LIBERAIS EUROPEUS DE QUE O NOVO REGIME ESTAVA REALIZANDO

INTERESSANTES REFORMAS SOCIAIS, CAPAZES DE FORNECER UMA ALTERNATIVA MODERADAMENTE REVOLUCIONÁRIA À AMEAÇA COMUNISTA.

Contudo, a prioridade histórica não me parece ser razão suficiente para explicar por que a palavra "fascismo" se transformou numa sinédoque, uma denominação *pars pro toto* para os mais diversos movimentos totalitários. Não adianta dizer que o fascismo continha em si todos os elementos dos totalitarismos sucessivos "em estado quintessencial", por assim dizer. Ao contrário, o fascismo não possuía nenhuma quintessência e nem sequer uma só essência. O fascismo era um totalitarismo *fuzzy*.* O fascismo não era uma ideologia monolítica, mas antes uma colagem de diversas ideias políticas e filosóficas, um alveário de contradições.

---

* Usado atualmente em lógica para designar conjuntos "esfumados", de contornos imprecisos, o termo *fuzzy* poderia ser traduzido como "esfumado", "confuso", "impreciso", "desfocado".

É POSSÍVEL CONCEBER UM MOVIMENTO TOTALITÁRIO QUE CONSIGA REUNIR MONARQUIA E REVOLUÇÃO, EXÉRCITO REAL E MILÍCIA PESSOAL DE MUSSOLINI,

OS PRIVILÉGIOS CONCEDIDOS À IGREJA E UMA EDUCAÇÃO ESTATAL QUE EXALTAVA A VIOLÊNCIA E O LIVRE MERCADO?

O partido fascista nasceu proclamando sua nova ordem revolucionária, mas era financiado pelos proprietários rurais mais conservadores, que esperavam uma contrarrevolução. O fascismo do começo era republicano e sobreviveu durante vinte anos proclamando sua lealdade à família real, permitindo que um *"duce"* puxasse as cordinhas de um "rei", a quem ofereceu até o título de "imperador". Mas quando, em 1943, o rei despediu Mussolini, o partido reapareceu dois meses depois, com a ajuda dos alemães, sob a bandeira de uma república "social", reciclando sua velha partitura revolucionária, enriquecida de acentuações quase jacobinas.

Existiu apenas uma arquitetura nazista, apenas uma arte nazista. Se o arquiteto nazista era Albert Speer, não havia lugar para Mies van der Rohe. Da mesma maneira, sob Stalin, se Lamarck tinha razão, não havia lugar para Darwin. Ao contrário, arquitetos fascistas certamente existiram, mas ao lado de seus pseudo-coliseus surgiram também os novos edifícios inspirados no moderno racionalismo de Gropius.

Não houve um Zdanov fascista. Na Itália, existiam dois importantes prêmios artísticos: o Prêmio Cremona era controlado por um fascista inculto e fanático como Farinacci, que encorajava uma arte propagandista (lembro de quadros intitulados *Ouvindo no rádio um discurso do Duce* ou *Estados mentais criados pelo fascismo*); e o Prêmio Bergamo, patrocinado por um fascista culto e razoavelmente tolerante como Bottai, que protegia a arte pela arte e as novas experiências da arte de vanguarda, que, na Alemanha, haviam sido banidas como corruptas e criptocomunistas, contrárias ao *Kitsch* nibelúngico, o único aceito.

O poeta nacional era D'Annunzio, um dândi que na Alemanha ou na Rússia teria sido colocado diante de um pelotão de fuzilamento. Foi alçado à categoria de vate do regime por seu nacionalismo e seu culto do heroísmo — com o acréscimo de grandes doses de decadentismo francês.

Vejamos o futurismo. Deveria ter sido considerado um exemplo de *entartete Kunst*, assim como o expressionismo, o cubismo, o surrealismo. Mas os primeiros futuristas italianos eram nacionalistas, defendiam, por motivos estéticos, a participação da Itália na Primeira Guerra Mundial, celebravam a velocidade, a violência, o risco, e, de certa maneira, estes aspectos pareciam próximos ao culto fascista da juventude. Quando o fascismo se identificou com o Império Romano e redescobriu as tradições rurais, Marinetti (que proclamava que um automóvel era mais belo que a *Vitória de Samotrácia* e queria até mesmo matar o luar) foi nomeado membro da Accademia d'Italia, que tinha pelo luar grande respeito.

Muitos dos futuros membros da Resistência e dos futuros intelectuais do Partido

Comunista foram educados no GUF, a associação fascista dos estudantes universitários, que deveria ser o berço da nova cultura fascista. Esses clubes acabaram se tornando uma espécie de caldeirão intelectual em que circulavam novas ideias sem nenhum controle ideológico real, não tanto porque os homens de partido fossem tolerantes, mas porque poucos entre eles possuíam os instrumentos intelectuais para controlá-los.

No curso daqueles vinte anos, a poesia dos herméticos representou uma reação ao estilo pomposo do regime: estes poetas tinham permissão para elaborar seus protestos dentro da torre de marfim. O sentimento dos herméticos era exatamente o contrário do culto fascista do otimismo e do heroísmo. O regime tolerava esta divergência evidente, embora socialmente imperceptível, porque não dava atenção suficiente a um jargão tão obscuro.

O que não significa que o fascismo italiano

fosse tolerante. Gramsci foi mantido na prisão até a morte, Matteotti e os irmãos Rosselli foram assassinados, a liberdade de imprensa foi suspensa, os sindicatos desmantelados, os dissidentes políticos confinados em ilhas remotas, o Poder Legislativo se transformou em pura ficção e o Executivo (que controlava o Judiciário, assim como a mídia) promulgava diretamente as novas leis, entre as quais a da defesa da raça (apoio formal italiano ao Holocausto).

A imagem incoerente que descrevi não era devido à tolerância: era um exemplo de desconjuntamento político e ideológico. Mas era um "desconjuntamento ordenado", uma confusão estruturada. O fascismo não tinha bases filosóficas, mas do ponto de vista emocional era firmemente articulado a alguns arquétipos.

Chegamos agora ao segundo ponto de minha tese. Existiu apenas um nazismo, e não podemos chamar de "nazismo" o falangismo hipercatólico de Franco, pois o nazismo é fundamentalmente pagão, politeísta e anticristão, ou não é nazismo. Com o fascismo, ao contrário, é possível jogar de muitas maneiras sem que mude o nome do jogo. Acontece com a noção de "fascismo" aquilo que, segundo Wittgenstein, acontece com a noção de "jogo". Um jogo pode ser ou não competitivo, pode envolver uma ou mais pessoas, pode exigir alguma habilidade particular ou nenhuma, pode envolver dinheiro ou não. Os jogos são uma série de atividades diversas que apresentam apenas alguma "semelhança de família".

1	2	3	4
abc	*bcd*	*cde*	*def*

Suponhamos que exista uma série de grupos políticos. O grupo 1 é caracterizado pelos aspectos *abc*, o grupo 2 pelos aspectos *bcd*, e assim por diante. O 2 é semelhante ao 1 na medida em que têm dois aspectos em comum. O grupo 3 é semelhante ao 2, e o 4 é semelhante ao 3 pela mesma razão. Note-se que o grupo 3 também é semelhante ao 1 (têm em comum o aspecto *c*). O caso mais curioso é dado pelo 4, obviamente semelhante ao 3 e ao 2, mas sem nenhuma característica em comum com o 1. Contudo, em virtude da ininterrupta série de decrescentes similaridades entre os grupos 1 e 4, permanece, por uma espécie de transitoriedade ilusória, um ar de família entre o 4 e o 1.

O TERMO "FASCISMO" ADAPTA-SE A TUDO PORQUE É POSSÍVEL ELIMINAR DE UM REGIME FASCISTA UM OU MAIS ASPECTOS,

E ELE CONTINUARÁ SEMPRE A SER RECONHECIDO COMO FASCISTA.

Tirem do fascismo o imperialismo e teremos Franco ou Salazar; tirem o colonialismo e teremos o fascismo balcânico. Acrescentem ao fascismo italiano um anticapitalismo radical (que nunca fascinou Mussolini) e teremos Ezra Pound. Acrescentem o culto da mitologia celta e o misticismo do Graal (completamente estranho ao fascismo oficial) e teremos um dos mais respeitados gurus fascistas, Julius Evola.

A despeito dessa confusão, considero possível indicar uma lista de características típicas daquilo que eu gostaria de chamar de "Ur-Fascismo", ou "fascismo eterno". Tais características não podem ser reunidas em um sistema; muitas se contradizem entre si e são típicas de outras formas de despotismo ou fanatismo. Mas é suficiente que uma delas se apresente para fazer com que se forme uma nebulosa fascista.

1. A primeira característica de um Ur--Fascismo é o *culto da tradição*. O tradicionalismo é mais velho que o fascismo. Foi típico também do pensamento contrarreformista católico depois da Revolução Francesa, mas nasceu no final da idade helenística como uma reação ao racionalismo grego clássico.

Na bacia do Mediterrâneo, povos de religiões diversas (todas aceitas com indulgência pelo Panteão romano) começaram a sonhar com uma revelação recebida na aurora da história humana. Essa revelação permaneceu longo tempo escondida sob o véu de línguas então esquecidas. Havia sido confiada aos hieróglifos egípcios, às runas dos celtas, aos textos sagrados, ainda desconhecidos, das religiões asiáticas.

Essa nova cultura tinha que ser *sincretista*. "Sincretismo" não é somente, como indicam os dicionários, a combinação de formas diversas de crenças ou práticas. Uma combinação assim *deve tolerar contradições*. Todas as mensagens originais contêm um germe de sabedoria, e quando parecem dizer coisas diferentes ou incompatíveis, é apenas porque todas aludem, alegoricamente, a alguma verdade primitiva.

Como consequência, *não pode existir avanço do saber*. A verdade já foi anunciada de uma vez por todas, e só podemos continuar a interpretar sua obscura mensagem. É suficiente observar o ideário de qualquer movimento fascista para encontrar os principais pensadores tradicionalistas. A gnose nazista nutria-se de elementos tradicionalistas, sincretistas, ocultos. A mais importante fonte teórica da nova direita italiana, Julius Evola, misturava o Graal com os Protocolos dos Sábios de Sião, a alquimia com o Sacro Império Romano. O próprio fato de que, para demonstrar sua abertura mental, a direita italiana tenha recentemente ampliado seu ideário acrescentando De Maistre, Guénon e Gramsci é uma prova evidente de sincretismo.

Quem percorrer as prateleiras das livrarias americanas que trazem a indicação "New Age" encontrará até mesmo Santo Agostinho, o qual, que eu saiba, não era fascista. Mas o próprio fato de juntar Santo Agostinho e Stonehenge, *isto* é um sintoma de Ur-Fascismo.

2. O tradicionalismo implica *a recusa da modernidade*. Tanto os fascistas quanto os nazistas adoravam a tecnologia, enquanto os pensadores tradicionalistas em geral a rejeitam como negação dos valores espirituais tradicionais. Contudo, embora o nazismo tivesse orgulho de seus sucessos industriais, seu elogio da modernidade era apenas o aspecto superficial de uma ideologia baseada no "sangue" e na "terra" (*Blut und Boden*). A recusa do mundo moderno era camuflada como condenação do modo de vida capitalista, mas referia-se principalmente à rejeição do espírito de 1789 (ou de 1776, obviamente). O iluminismo e a idade da razão eram vistos como o início da depravação moderna. Nesse sentido, o Ur-Fascismo pode ser definido como "irracionalismo".

3. O irracionalismo depende também do culto da *ação pela ação*. A ação é bela em si e, portanto, deve ser realizada antes de e sem nenhuma reflexão.

PENSAR É UMA FORMA DE CASTRAÇÃO. POR ISSO, *A CULTURA É SUSPEITA* NA MEDIDA EM QUE É IDENTIFICADA COM ATITUDES CRÍTICAS.

Da declaração atribuída a Goebbels ("Quando ouço falar em cultura, pego logo a pistola") ao uso frequente de expressões como "porcos intelectuais", "cabeças-ocas", "esnobes radicais", "As universidades são um ninho de comunistas", a suspeita em relação ao mundo intelectual sempre foi um sintoma de Ur-Fascismo. Os intelectuais fascistas oficiais estavam empenhados principalmente em acusar a cultura moderna e a inteligência liberal de abandono dos valores tradicionais.

4. Nenhuma forma de sincretismo pode aceitar críticas. O espírito crítico opera distinções, e distinguir é um sinal de modernidade. Na cultura moderna, a comunidade científica percebe o desacordo como instrumento de avanço dos conhecimentos. Para o Ur-Fascismo, *o desacordo é traição*.

5. O desacordo é, além disso, um sinal de diversidade. O Ur-Fascismo cresce e busca o consenso utilizando e exacerbando o natural medo da diferença. O primeiro apelo de um movimento fascista ou que está se tornando fascista é contra os intrusos. O Ur-Fascismo é, portanto, racista por definição.

6. O Ur-Fascismo provém da frustração individual ou social. Isso explica por que uma das características típicas dos fascismos históricos tem sido *o apelo às classes médias frustradas*, desvalorizadas por alguma crise econômica ou humilhação política, assustadas pela pressão dos grupos sociais subalternos. Em nosso tempo, em que os velhos "proletários" estão se transformando em pequena burguesia (e o lumpesinato se autoexclui da cena política), o fascismo encontrará nessa nova maioria o seu auditório.

7. Para os que se veem privados de qualquer identidade social, o Ur-Fascismo diz que seu único privilégio é o mais comum de todos: ter nascido em um mesmo país. Esta é a origem do "nacionalismo". Além disso, os únicos que podem fornecer uma identidade às nações são os inimigos. Assim, na raiz da psicologia Ur-Fascista está a *obsessão da conspiração*, possivelmente internacional. Os seguidores têm que se sentir sitiados. O modo mais fácil de fazer emergir uma conspiração é fazer apelo à *xenofobia*. Mas a conspiração tem que vir também do interior: os judeus são, em geral, o melhor objetivo porque oferecem a vantagem de estar, ao mesmo tempo, dentro e fora. Na América, o último exemplo de obsessão pela conspiração foi o livro *The New World Order*, de Pat Robertson.

8. Os adeptos devem sentir-se humilhados pela riqueza ostensiva e pela força do inimigo. Quando eu era criança, ensinavam-me que os ingleses eram o "povo das cinco refeições": comiam mais frequentemente que os italianos, pobres, mas sóbrios. Os judeus são ricos e ajudam-se uns aos outros graças a uma rede secreta de assistência mútua. Os adeptos precisam, contudo, ser convencidos de que podem derrotar o inimigo. Assim, graças a um contínuo deslocamento de registro retórico, *os inimigos são, ao mesmo tempo, fortes demais e fracos demais*. Os fascismos estão condenados a perder suas guerras, pois são constitucionalmente incapazes de avaliar com objetividade a força do inimigo.

9. Para o Ur-Fascismo, não há luta pela vida, mas antes "vida para a luta". *Logo, o pacifismo é conluio com o inimigo*; o pacifismo é mau porque *a vida é uma guerra permanente*. Contudo, isso traz consigo um complexo de Armagedom: a partir do momento em que os inimigos podem e devem ser derrotados, tem que haver uma batalha final, depois da qual o movimento assumirá o controle do mundo. Esta *solução final* implica uma sucessiva era de paz, uma idade de ouro que contestaria o princípio da guerra permanente. Nenhum líder fascista conseguiu resolver essa contradição.

10. O elitismo é um aspecto típico de qualquer ideologia reacionária, enquanto fundamentalmente aristocrática. No curso da história, todos os elitismos aristocráticos e militaristas implicaram o *desprezo pelos fracos*. O Ur-Fascismo não pode deixar de pregar um "elitismo popular". Todos os cidadãos pertencem ao melhor povo do mundo, os membros do partido são os melhores cidadãos, todo cidadão pode (ou deve) tornar-se membro do partido. Mas não podem existir patrícios sem plebeus. O líder, que sabe muito bem que seu poder não foi obtido por delegação, mas conquistado pela força, sabe também que sua força se baseia na debilidade das massas, tão fracas que têm necessidade e merecem um "dominador". Dado que o grupo é organizado hierarquicamente (segundo um modelo militar), qualquer líder subordinado despreza seus subalternos e, por sua vez, cada um deles despreza os seus subordinados. Tudo isso reforça o sentido de elitismo de massa.

11. Nesta perspectiva, *cada um é educado para tornar-se um herói*. Em qualquer mitologia, o "herói" é um ser excepcional, mas na ideologia Ur-Fascista o heroísmo é a norma. Este culto do heroísmo é estreitamente ligado ao culto da morte: não é por acaso que o mote dos falangistas era: "!*Viva la muerte*!" Para a gente normal, a morte é desagradável, mas é preciso enfrentá-la com dignidade; para os crentes, é um modo doloroso de atingir a felicidade sobrenatural. Mas o herói Ur-Fascista, ao contrário, aspira à morte, anunciada como a melhor recompensa para uma vida heroica. O herói Ur-Fascista espera impacientemente pela morte. Note-se, porém, que sua impaciência provoca com maior frequência a morte dos outros.

12. Como tanto a guerra permanente quanto o heroísmo são jogos difíceis de jogar, o Ur-Fascista transfere sua vontade de poder para questões sexuais. Esta é a origem de seu *machismo* (que implica desdém pelas mulheres e uma condenação intolerante de hábitos sexuais não conformistas, da castidade à homossexualidade). Como o sexo também é um jogo difícil de jogar, o herói Ur-Fascista joga com as armas, que são seu *Ersatz* fálico: seus jogos de guerra se devem a uma *invidia penis* permanente.

13. O Ur-Fascismo baseia-se em um "populismo qualitativo". Em uma democracia, os cidadãos gozam de direitos individuais, mas o conjunto de cidadãos só é dotado de impacto político do ponto de vista quantitativo (as decisões da maioria são acatadas). Para o Ur-Fascismo, os indivíduos enquanto indivíduos não têm direitos, e "o povo" é concebido como uma qualidade, uma entidade monolítica que exprime "a vontade comum". Como nenhuma quantidade de seres humanos pode ter uma vontade comum, o líder se apresenta como seu intérprete. Tendo perdido seu poder de delegar, os cidadãos não agem, são chamados apenas *pars pro toto*, para assumir o papel de povo. O povo é, assim, apenas uma ficção teatral. Para ter um bom exemplo de populismo qualitativo, não precisamos mais da Piazza Venezia* ou do estádio de Nuremberg.

EM NOSSO FUTURO, DESENHA-SE UM *POPULISMO QUALITATIVO DE TV OU INTERNET,*

---

* Praça, em Roma, onde Mussolini fazia seus discursos. (*N. da T.*)

NO QUAL A RESPOSTA EMOCIONAL DE UM GRUPO SELECIONADO DE CIDADÃOS PODE SER APRESENTADA E ACEITA COMO A "VOZ DO POVO".

Em virtude de seu populismo qualitativo, o Ur-Fascismo *deve opor-se aos "pútridos" governos parlamentares*. Uma das primeiras frases pronunciadas por Mussolini no Parlamento italiano foi: "Eu poderia ter transformado este salão surdo e cinza em um acampamento para meus regimentos." De fato, ele logo encontrou alojamento melhor para seus regimentos e pouco depois liquidou o Parlamento. Cada vez que um político põe em dúvida a legitimidade do Parlamento por não representar mais a "voz do povo", pode-se sentir o cheiro de Ur-Fascismo.

14. *O Ur-Fascismo fala a "novilíngua"*. A "novilíngua" foi inventada por Orwell em *1984*, como língua oficial do Ingsoc, o socialismo inglês, mas certos elementos de Ur--Fascismo são comuns a diversas formas de ditadura. Todos os textos escolares nazistas ou fascistas se baseavam em um léxico pobre e em uma sintaxe elementar, com o fim de limitar os instrumentos para um raciocínio complexo e crítico. Devemos, porém, estar prontos a identificar outras formas de novilíngua, mesmo quando tomam a forma inocente de um *talk show* popular.

Depois de indicar os arquétipos possíveis do Ur-Fascismo, permitam-me concluir. Na manhã de 27 de julho de 1943, foi-me dito que, segundo informações lidas na rádio, o fascismo havia caído e Mussolini tinha sido feito prisioneiro. Minha mãe mandou que fosse comprar o jornal. Fui ao jornaleiro mais próximo e vi que os jornais estavam lá, mas os nomes eram diferentes. Além disso, depois de uma breve olhada nos títulos, percebi que cada jornal dizia coisas diferentes. Comprei um, ao acaso, e li uma mensagem impressa na primeira página, assinada por cinco ou seis partidos políticos como Democracia Cristã, Partido Comunista, Partido Socialista, Partido de Ação, Partido Liberal. Até aquele momento pensei que só houvesse um partido em todas as cidades e que na Itália só existisse, portanto, o Partido Nacional Fascista. Eu estava descobrindo que, no meu país, podia haver diversos partidos ao mesmo tempo. E não só isso: como eu era um garoto esperto, logo me dei conta de que era impossível que tantos partidos tivessem aparecido de um dia para o outro. E entendi que eles já existiam antes como organizações clandestinas.

A mensagem celebrava o fim da ditadura e o retorno à liberdade: liberdade de palavra, de imprensa, de associação política. Estas palavras, "liberdade", "ditadura" — Deus meu! —, era a primeira vez em toda a minha vida que eu as lia. Em virtude dessas novas palavras renasci como homem livre ocidental.

Devemos ficar atentos para que o sentido dessas palavras não seja esquecido de novo. O Ur-Fascismo ainda está ao nosso redor, às vezes em trajes civis. Seria muito confortável para nós se alguém surgisse na boca de cena do mundo para dizer: "Quero reabrir Auschwitz, quero que os camisas-negras desfilem outra vez pelas praças italianas!" Infelizmente, a vida não é fácil assim! O Ur-Fascismo pode voltar sob as vestes mais inocentes. Nosso dever é desmascará-lo e apontar o dedo para cada uma de suas novas formas — a cada dia, em cada lugar do mundo. Cito ainda as palavras de Roosevelt: "Ouso dizer que, se a democracia americana parasse de progredir como uma força viva, buscando dia e noite melhorar, por meios pacíficos, as condições de nossos cidadãos, a força do fascismo cresceria em nosso país" (4 de novembro de 1938). Liberdade e libertação são uma tarefa que não acaba nunca. Que seja este o nosso mote: "Não esqueçam."

E permitam-me acabar com uma poesia de Franco Fortini:

Sulla spalletta del ponte
Le teste degli impiccati
Nell'acqua della fonte
La bava degli impiccati

Sul lastrico del mercato
Le unghie dei fucilati
Sull'erba secca del prato
I denti dei fucilati

Mordere l'aria mordere i sassi
La nostra carne non è più d'uomini
Mordere l'aria mordere i sassi
Il nostro cuore non è più d'uomini.

Ma noi s'è letta negli occhi dei morti
E sulla terra faremo libertà
Ma l'hanno stretta i pugni dei morti
La giustizia che si farà.

Na amurada da ponte
A cabeça dos enforcados
Na água da fonte
A baba dos enforcados

No calçamento do mercado
As unhas dos fuzilados
Na grama seca do prado
Os dentes dos fuzilados

Morder o ar morder as pedras
Nossa carne não é mais de homens
Morder o ar morder as pedras
Nosso coração não é mais de homens

Mas nós lemos nos olhos dos mortos
E na terra a liberdade havemos de fazer
Mas estreitaram-na os punhos dos mortos
A justiça que havemos de fazer.

Este livro foi composto com as famílias tipográficas
Meridien e Trade Gothic e impresso no Sistema Digital
Instant Duplex da Divisão Gráfica da Distribuidora Record.